Stefan Fourier

Die Bank am Rande des Waldes

Ein Gespräch über Glück und
den Sinn des Lebens

tredition

© 2023 Stefan Fourier

Druck und Distribution im Auftrag des Autors
tredition GmbH, Halenreie 40-44, 22359 Hamburg,
Deutschland

ISBN
Paperback   978-3-347-98776-0
Hardcover   978-3-347-98777-7
e-Book   978-3-347-98778-4

Jeder Ausgang ist ein Eingang ins Freie.

In der Morgendämmerung mache ich mich auf den Weg. Ich liebe diese frühe Stunde, bevor der Tag aus den Federn kriecht, noch behäbig in den Schleiern der Nacht hängt und langsam beginnt sich zu regen. Mit langen Schritten erreiche ich den Waldrand, tauche in die feuchte Kühle und beginne meine Wanderung. Unter hohen Buchen geht es bergan, bis ich nach Stunden den Kammweg erreiche. Inzwischen ist die Sonne aufgestiegen und lugt über den Rand der Welt. Tau glitzert im Gras. Im Unterholz lärmen Finken. Ich bleibe eine Weile stehen, um die Weite des Himmels und die Einsamkeit in mich aufzunehmen.

Ich habe mir viel vorgenommen für heute. Nicht nur eine lange Wanderung durch die Wälder, sondern auch eine Wanderung der Gedanken. Es wird Zeit, mich zu sortieren. Der große Einschnitt in mein Leben hat alles verändert. Alles, was mich ausmachte, steht in Frage. Schwerpunkte haben sich verschoben, Freunde und Bekannte schwinden. Jeder folgt seinem eigenen Lebensweg. Meiner ist abgebogen. Was kommt jetzt?

Ich setze meinen Marsch fort, bergab jetzt durch den langsam lichter werdenden Wald. Schließlich erreiche ich die letzten Bäume und vor mir liegt eine weite Ebene. Der leichte Morgendunst löst sich aus den Feldern. Dazwischen eingebettet liegen Waldflecken. Der Blick kann ungehindert bis zum Horizont schweifen. Dort, in weiter Ferne, erstrecken sich Berge. Windräder stören das Bild; Zeichen einer neuen Zeit? Im Tal kann ich den kleinen Ort sehen. Vielleicht finde ich dort einen Biergarten, einen gemütlichen Ort, um meine Gedanken zu sortieren. Gerade will ich weitergehen, als mein Blick auf die Bank fällt.

Sie steht am Rande des Waldes, direkt unter einem Haselgebüsch. Ich kann mich nicht erinnern, sie hier schon einmal gesehen zu haben. Dabei bin ich diesen Weg schon manches Mal gegangen. Erst heute fällt sie mir auf, unter die Zweige geschmiegt, mit Ausblick über den sanften Abschwung der Felder und Wiesen. Dabei wirkt sie nicht neu, sondern leicht verwittert, als würde sie schon Jahre hier sein.

Ich denke nicht weiter darüber nach, sondern freue mich über die schöne Gelegenheit einer Rast. Ich setze mich. Welch ein wunderschöner Ausblick ins Tal. Meinen kleinen Rucksack stelle ich neben mich auf die Bank. Ich denke an den leicht geweißten Kaffee in der Thermoskanne und die frisch geschmierten Brote. Aber ich lasse die Sachen noch im Rucksack. Erst einmal ankommen. Ich atme die einsame Stunde inmitten der Natur.

Vor mir breitet sich eine bunte Wiese aus. Der Fingerhut springt ins Auge, purpurnes Lila. So schön und so giftig. Dazwischen ragen hohe Disteln, prächtig mit ihren Blütenbällen. Am Rand zum Wald hin stehen Glockenblumen. Gundermann macht sich überall breit. Es ist schön hier.

Meine Gedanken mäandern.

Kindheit. Schulzeit. Studium. Meine Kinder. Die Enkel. Meine Frau. Beruf. Erfolg und Scheitern. Siege.

Alles Erinnerung. Mein Atmen wird flacher. Dann muss ich tief schnaufen und bin wieder hier.

Hinter mir ein Geräusch. Jemand kommt durch den Wald und strebt der Bank zu, auf der ich sitze. Ich straffe mich ein wenig.

Will ich Gesellschaft?

Eher nicht.

Vielleicht geht der Mensch vorbei. Nein. Vor mir steht ein alter Mann. Hochgewachsen. Hager. Strahlendes Lächeln.

„Darf ich mich dazusetzen?". Eine angenehme, ruhige Stimme. Die Haltung sehr zugewandt.

Ich nicke und rücke ein Stückchen zur Seite. Er setzt sich. Sein Blick schweift.

„Schön hier."

Dann Schweigen. Es ist ein bisschen, als würde er sich auflösen.

Ich mustere ihn verstohlen von der Seite. Hose und Hemd sind von grobem Stoff, an ein paar Stellen geflickt, aber penibel sauber. Er hat das rechte Bein über das linke geschlagen, den rechten Ellbogen auf sein Knie gestützt und das Kinn leicht auf Daumen und Zeigefinger gelegt. So schaut er in die Ferne. Er ist sicher beträchtlich älter als ich, obwohl seine Haut noch glatt ist und sein Körper Kraft ausstrahlt. Aber sein schlohweißes Haar, die Falten um Augen und Mund und seine knochigen Hände lassen es vermuten.

Das Schweigen breitet sich aus. Es nimmt mich ein. Seine Ruhe und seine Gelassenheit gehen fühlbar auf mich über. Ich schaue wieder geradeaus ins Tal. Es gibt nichts Besonderes zu tun. Stille.

„Was ist Sinn?", höre ich den Alten. Ich schaue ihn an, aber er blickt unverwandt geradeaus.

„Wie meinen sie das?", frage ich. Statt einer Antwort wendet er mir sein Gesicht zu und schaut mich an. Sein Blick ist nicht direkt auf mich gerichtet, sondern so, als ginge er durch mich hindurch, als würde er mich unscharf und gleichzeitig vollständiger wahrnehmen.

„Hmmm", brummt er mit einem leichten Nicken. Dabei schimmert über seine Stirn ein gewinnendes Lächeln. Wie kann er nur mit der Stirn lächeln, frage ich mich. Nach einer Weile schaut er wieder geradeaus, atmet tief ein und wiederholt mit dem Ausatmen.

„Was ist Sinn?".

Die Frage bohrt sich in mein Bewusstsein. Ich fange an zu reden.

„Naja, Sinn ist wichtig. Philosophisch gesehen ist es die Frage danach, wofür wir eigentlich da sind. Es ist die Frage nach Verwirklichung. Ohne Sinn können wir nicht glücklich sein. Es ist eine religiöse Frage, die nach dem Sinn des Lebens. Wo kommen wir her, wohin gehen wir?"

Der Alte wendet mir sein Gesicht zu, mit einem Blick, der nichts festhält und doch alles wahrzunehmen scheint. Ich merke, dass ich Unsinn rede. Blabla. Er schaut wieder weg, als würde er meine Gedanken erraten.

„Was ist der Sinn, für dich?", die beiden letzten Worte betont er.

Das spitzt die Frage zu, lässt mich nicht raus.

„Früher hätte ich die Antwort gewusst", sage ich mit einigem Zögern. „Geld verdienen, mir ein Auto kaufen. Eine Frau finden, Familie gründen. Eine Wohnung. Ein Haus. Schöne Möbel. Im Süden Urlaub machen."

„Ist das Sinn oder sind das Ziele?"

„Gibt es da einen Unterschied?"

„Vielleicht, wenn du nachdenkst?", bohrt der Alte tiefer.

Ich komme ins Grübeln. Vielleicht hat er ja Recht …

Geld, Auto, der ganze Besitz machen allein noch keinen Sinn. Irgendwie hat mich das zufrieden gemacht, irgendwie aber auch wieder nicht. Meine Freunde haben mich bewundert, manche beneidet. Für Kollegen und Nachbarn war ich ein Erfolgsmodell. Meine Frau war zufrieden, denn ich konnte ihr etwas bieten. Was für ein Klischee. Sie hat es genossen, in einem schönen Auto zu fahren und großartige Reisen zu machen. Ich auch, irgendwie.

Später dann das eigene Haus. Ich war stolz darauf, ihre Erwartungen zu erfüllen, die von ihr ausgesprochenen und die, die ich mir eingebildet habe. Auch den Kindern konnte ich jeden Wunsch erfüllen. Ob das immer gut war, sei dahingestellt. Jedenfalls, ich habe sie alle erreicht, diese Ziele. Aber war ich danach zufrieden? Als ich all diese Dinge hatte, war der Drang nach mehr nicht weg. Meine Unruhe ist geblieben, vielleicht sogar stärker geworden. Bis heute. Wo ist Sinn, wenn man zwar alles erreicht, aber trotzdem nicht zur Ruhe kommt?

„Ziele kann man erreichen, Sinn wahrscheinlich nicht", höre ich mich sagen, voller Zweifel. „Sinn steht hinter den Zielen, macht sie erst erstrebenswert." Liege ich jetzt richtig? Ich schiele zu dem Alten.

„Was ist der Sinn dieser Aussage?", bohrt er weiter.

Was soll das jetzt? Will er mich nerven?

Oder könnte es sein, dass ich auch von ihm Anerkennung will? Für meine schlaue Erkenntnis? Dieser Verdacht nagt an mir.

„Erfolg zu haben, hat meiner Arbeit Sinn gegeben", beharre ich, fast ein bisschen trotzig.

„Das verstehe ich", sagt der Alte mit sanfter Stimme und schaut mich an. „Finde ich gut. Du hast ein erfolgreiches und sinnerfülltes Leben."

Ich bin mir nicht sicher, ob er mich auf den Arm nimmt. Erst schien es mir, als würde er das, was ich für mich als sinnvoll erachte, nicht gut finden, es abwerten.

„Schließlich darf jeder Mensch selbst bestimmen, was für ihn Sinn macht", fährt er fort und schaut wieder in die Weite vor uns. „Das muss er sogar. Wer sollte es denn besser wissen als er selbst. Religionen etwa? Die verlagern den Sinn ins Jenseits und du kannst ihn nur erreichen, wenn du dich an ihre Regeln hältst. Damit haben sie dich im Griff."

Pause.

„Niemand kann dir den Sinn deines Handelns vorschreiben, auch dein Chef nicht.

Wenn er dir Ziele vorgibt, dann ist es immer noch deine Sache, ob du sie sinnvoll findest."

Das ist ja eine spannende Aussage, denke ich. Schließlich habe ich selbst als Chef oft genug meinen Mitarbeitern den Sinn dieser oder jener Sache vermittelt. Oder nur vermitteln wollen? Jedenfalls habe ich es versucht, habe viel Mühe darauf verwendet, ihnen zu erklären, was der Sinn an der Sache ist, warum sie sich anstrengen sollen. Also, genau genommen, der Sinn für die Firma. Wenn es stimmt, was der Alte gerade gesagt hat, dann hätte ich meine Mitarbeiter fragen sollen, was sie sinnvoll finden. Vielleicht hätte ich mich über die Antworten gewundert.

„Darüber muss ich nachdenken", sage ich. „Wenn jeder seinen eigenen Sinn bestimmt, wie soll man es dann schaffen, dass alle motiviert sind, für gemeinsame Ziele brennen und voller Begeisterung arbeiten?"

„Stimmt, das ist nicht leicht", grinst der Alte vor sich hin, als würde er dabei an eigene Erlebnisse denken. „Aber was hast du davon, wenn du jemandem einen Sinn einredest. Er glaubt dir das vielleicht eine Weile, bis er dann merkt, dass etwas nicht stimmt, dass es nicht das ist, was ihn selbst bewegt. Und dann fühlt er sich betrogen."

„Aber Sinn brauchen wir doch, damit Menschen sich überhaupt bewegen. Ohne Sinn geht gar nichts", fällt mir dazu ein. „Wenn jemand keinen Sinn in seinem Leben findet, keinen Sinn für sein Tun hat, dann wird er depressiv, sich selbst zuwider und ist zu nichts zu gebrauchen." Ein bisschen drücke ich damit die Stimmung aus, die mich in den letzten Wochen, nach meiner großen Wende, immer wieder selbst befallen hat.

„Du hast Recht", nickt der Alte. „Das heißt aber nicht, dass irgendjemand das Recht hat, anderen vorzuschreiben oder einzureden, was für sie sinnvoll ist." Plötzlich schaut er mich direkt an und blinzelt mit dem rechten Auge. „Schließlich ist für jeden genug Sinn da. Er muss ihn nur finden."

„Jaja, das sagen sie so leicht dahin. Wenn sie wüssten …", seufze ich. Mir wird gerade wieder meine eigene Situation bewusst. „Sie wissen ja überhaupt nicht, wie das ist, wenn einem plötzlich der Boden unter den Füßen weggezogen wird."

„Meinst du?", sagt der Alte gedehnt und schaut mich an. Mir wird klar, dass ich mich da vermutlich gerade ziemlich geirrt habe.

„Entschuldigung, ich wollte ihnen nicht zu nahetreten."

Er geht darauf nicht ein. „Wenn man plötzlich für sich selbst keinen Sinn mehr sieht, dann wird die Sinnfrage schmerzhaft wichtig. Ohne eine Idee vom Sinn unseres Tuns, ohne ein Sinnkonzept, können wir nicht handeln. Jedenfalls nicht dauerhaft und erfolgreich und so, dass wir dabei gesund bleiben." Mit diesen Worten lehnt er sich auf seinem Sitz zurück, streckt die Arme und gähnt herzhaft.

„Übrigens, hast du zufällig etwas zu trinken dabei?", fragt er unvermittelt und schaut mich ganz direkt an.

„Na klar", sage ich spontan und greife zu meinem Rucksack. „Darf ich sie zum Frühstück einladen?", frage ich. Irgendwie wird die Stimmung gerade etwas leichter.

„Oh, da sage ich nicht nein." Er schielt auf die Sachen, die ich aus dem Rucksack hervorhole. Thermoskanne, eine Henkeltasse, Brotbüchse.

„Was haben wir denn da?".

Ich packe die Sachen auf die Bank zwischen uns.

„Verschiedene Brote, mit Schinken, mit Leberwurst und mit Käse. Und Kaffee. Aber leider ist der schon mit ein bisschen Milch, so wie ich ihn am liebsten trinke."

„Wunderbar, so mag ich ihn auch."

Ich schenke ihm Kaffee in die Henkeltasse und mir in den Verschluss der Thermoskanne.

„Bitte schön. Greifen sie zu", lade ich ihn mit einer Handbewegung in Richtung der Brote ein. Er nimmt ein Schinkenbrot und beißt herzhaft hinein. Ich beginne mit der Leberwurst.

Zurückgelehnt kauen wir, fast im gleichen Takt, und schauen in die Ferne. Nachdem ich mit einem Schluck Kaffee nachgespült habe, erzähle ich ihm meine ganze Geschichte. Wie alles hinter mir geblieben ist, was mir bisher wichtig war. Es war klar, dass es eines Tages so kommen würde. Aber es ist ein schmerzvoller Unterschied, ob man daran denkt oder es irgendwann fühlt. Leer.

Jetzt stehe ich vor einem Nichts. Oder vor einem Neuanfang, ohne zu wissen, wohin ich gehen will, was gut für mich ist, was sinnvoll ist. Ich spreche es dem alten Mann gegenüber aus, dass mir der Antrieb fehlt.

„Klar, ich könnte versuchen, Geld zu verdienen, in meinem Job weitermachen oder etwas Neues anfangen. Möglichkeiten gibt es genug", beteuere ich. Es klingt aber mehr so, als wollte ich mich selbst beruhigen. Oder mir bestätigen, dass ich noch zu etwas gut bin.

Inzwischen ist der Alte beim Käsebrot angelangt. Die Leberwurst hat er ausgelassen. Er isst langsam und bedächtig. Nicht genießerisch, sondern eher so, als würde er jeden Bissen als etwas Besonderes wahrnehmen. Und er hört mir zu.

„Geld ist aber nicht das, was ich am nötigsten brauche. Was ich habe, reicht mir. Geld kann mir die Leere nicht füllen. Es ist verrückt. Ich habe jede Menge Zeit und weiß damit nichts anzufangen. Ich könnte meine Zeit mit allem Möglichen füllen. Ich kann reisen, Golf spielen, jeden Abend irgendwo essen gehen." Pause.

„So richtig sinnvoll ist das nicht", setze ich resigniert hinzu. „Eher ein teurer Zeitvertreib. Und so viel Zeit habe ich nicht mehr in meinem

Leben, dass ich sie vertreiben muss. Ich will nur glücklich sein." Die letzten Worte spreche ich leise, mehr zu mir selbst.

Jetzt bin ich an dem Punkt, an dem es echt wird. Ich kann es spüren. Es geht nicht um Ziele, um Erfolg, um Sinn. Alles nur Worte. Es geht um Glück. Um mein Gefühl des Glücklichseins. Dieses Gefühl möchte ich finden.

„Soll ich dir eine Geschichte vom Glück erzählen?", fragt der Alte und lächelt mich aufmunternd an. Ich nicke. Er setzt sich bequem und beginnt.

Vor langer, langer Zeit lebte ein Schuster in Damaskus. Tagsüber und bis in den späten Abend hinein reparierte er die Schuhe der Leute in seinem Viertel. Er verdiente damit nicht viel Geld, es reichte gerade zum Leben. Nachts schlief er im Garten hinter dem winzigen Häuschen unter wohlriechenden Sträuchern. Wenn er morgens mit der Sonne erwachte, lächelte er die Blüten an, die ihn umgaben. Er freute sich an ihren Düften und Farben. Und er dachte bei sich: „Was bin ich doch für ein glücklicher Mensch."

Dann erhob er sich, suchte die tags zuvor reparierten Schuhe zusammen und begab sich gemächlich auf seinen täglichen Weg zum Markt. Dabei vergaß er niemals, seinen Blick auf den Berg Qasyun zu richten, der wie ein guter Wächter die Stadt zu beschützen schien. Er zwinkerte dem Berg zu. Und dann durchströmte ihn große Dankbarkeit. Jeden Tag aufs Neue.

Im Viertel der Schmiede blieb er an den Feuern stehen und schaute diesen verschwiegenen Leuten bei der Arbeit zu. Tagelang erhitzten und hämmerten sie das Eisen zu Stahl, bis die berühmten Damaszener Klingen entstanden. Sie hüteten ihre Geheimnisse und niemand außer Vater und Sohn wusste, wie die besondere Härte und Elastizität und die zarten Rosenmuster der Oberflächen zustande kamen. Er spürte die Hitze der Schmiedefeuer, bewunderte die Sicherheit der Bewegungen und freute sich an der Wesensart dieser fleißigen Leute. Der eine oder andere lud ihn zu einem erfrischenden Schluck Wasser ein, mancher reichte ihm einen Fladen warmen Brots. Sie lächelten ihm zu und es war wie eine Gegengabe zu dem stillen Frohsinn, den er ausstrahlte.

Wenn der Schuster den Markt erreichte, verlangsamte er stets seine Schritte. Es gab so viel zu sehen. Die Bauern der Umgebung karrten Gemüse und Obst auf klapprigen Wagen heran. Einige hatten Tiere zum Verkauf dabei. Händler schleppten Bündel mit Stoffen, Sandalen und Kleidung zu ihren Ständen. Schmuck wurde feilgeboten. Keramik türmte sich vom Erdboden und auf Tischen meterhoch. An einigen Ständen wurden Kriegsgefangene als Sklaven verkauft. Phönizische Glasbläser stellten

*ihre schönen Waren aus. Es war ein buntes Durch-
einander und schon am frühen Morgen ging es laut
zu. Später, wenn das Gefeilsche um den besten Han-
del begann, schwoll der Lärm zu einem stetigen
Fluss, der nie ein Ende zu haben schien. Der Schuster fand die Ecke, an der er sich niederließ, um seine
Kunden zu erwarten. Er genoss das Gefühl, dazuzu-
gehören. Alle begegneten ihm mit Wohlwollen.
Sie grüßten ihn, und er strahlte dankbar zurück.
Er hatte alles, was er sich wünschte, den Duft der
Blumen, den Schutz des Berges, die stille Gemein-
schaft der Schmiede und Händler. Er blinzelte in die
Sonne und lächelte.*

*Und so kam es, dass sich die Kunde von dem
glücklichen Schuster immer weiterverbreitete. Sie
kam auch dem König zu Ohren. Dieser war ein krie-
gerischer Mann, der schon als Jüngling an der
Spitze seiner Heerscharen marschiert war. Er war
wegen seines Kampfesmutes gefürchtet, den er*

immer wieder an der Spitze der schweren Reiterei unter Beweis stellte. Er eiferte Alexander dem Großen nach.

Rastlos suchte der König, seine Macht und seinen Reichtum zu mehren. Er schlug nach jahrelangem Ringen den Aufstand eines abtrünnigen Vizekönigs nieder. Er griff immer wieder die Ptolemäer an, brachte Armenien und die Parther unter seine Kontrolle. Er besiegte seinen Onkel und entriss ihm seinen Teil der Macht. Er setzte sich in Thrakien fest und attackierte die Römer.

Aber die Gier des Königs blieb. Er konnte nicht zufrieden sein. In ihm wühlte ein unersättlicher Hunger nach mehr und er schmiedete Pläne, wie er Indien und das Römische Reich weiter angreifen und sich Stücke davon einverleiben konnte.

Die Schatzkammer seines Palasts hatte viele Räume, für jedes eroberte Reich einen. Darin stapelten sich die geraubten Gegenstände und die unendliche Zahl der Münzen aus tributpflichtigen Ländern. Der Blick auf all diese Reichtümer erfreute ihn. Wenn er aber zu den Kammern kam, die für die bisher noch nicht eroberten Gebiete vorbereitet waren, und auf die nackten Böden und Wände starrte, den hohlen Widerhall seiner Schritte hörte, dann entbrannte in ihm ein nagendes Feuer. Die Gier nach mehr Macht und immer mehr Reichtum fraß in ihm. Er konnte nicht zur Ruhe kommen.

Als der König von dem glücklichen Schuster hörte, fragte er sich, wie es wohl sein könne, dass diesem Habenichts Glück beschieden war und er, obwohl er Macht und Reichtum hatte, sich ständig in Unzufriedenheit verzehrte. Er befahl seinen Wachen, ihm den Mann zu bringen.

Am nächsten Morgen saß der König an einem prunkvollen und reich gedeckten Tisch. Vor ihm kniete der Schuster. Immer wieder beugte er seine

Stirn zu Boden, wie es ihm befohlen war. Er hatte zum ersten Mal in seinem Leben Angst.

„Ich will das Geheimnis deines Glücks", sagte der König in barschem Ton zu dem Schuster, „sag's mir!" Dabei biss er in ein großes Stück Fleisch und schlang es gierig hinunter, wie jeden Morgen. Während er kaute und schmatzte und der Saft über sein Kinn lief, schaute er mit kalten Augen auf den Schuster herab.

Dieser sank noch weiter in sich zusammen und stammelte: „Das kann ich nicht, o Herr. Ich kenne kein Geheimnis."

„Was fällt dir ein, du Lump!", schrie der König wutentbrannt, warf seinen Fleischbrocken auf den Teller, dass das Fett spritzte, und sprang vom Tisch auf. „Wage es nicht, dich zu widersetzen." Er hielt dem Schuster seine mächtige, geballte Faust drohend vors Gesicht. „Wenn du mir nicht augenblicklich dein Geheimnis sagst, dann lasse ich dich in den Kerker werfen!"

Die Wachen rückten ein Stück näher heran. Dabei klirrten die Ketten, die sie bereits in den Händen hielten.

Der Schuster erbleichte vor Schreck. „Wirklich, ich kann dir das Geheimnis nicht nennen, o König." Sein Blick flackerte hin und her, als ob er auf den Steinfliesen vor sich eine Antwort finden könnte. „Ich bin, Herr, i-ich bin einfach immer glücklich. Ich weiß nicht, warum."

Der König geriet außer sich. „Du hast nichts! Nichts außer den paar ärmlichen Sachen auf dem Leib. Du flickst den Leuten auf dem Markt die Schuhe. Du haust in einer kleinen Bude wie ein Tier. Und da behauptest du glücklich zu sein?" Mit einem großen Sprung war er beim Schuster, beugte sich zu ihm hinunter, packte ihn mit seiner großen Hand im Genick und zischte drohend ins Ohr. „Das glaube ich dir nicht." Er stieß ihn von sich, so dass der Schuster zu Boden fiel. „Ich warne dich!", tönte der König, der sich mit einer großen Geste vor ihm aufbaute, „Wer den König belügt, der ist des Todes. Also: rede!"

Der Blick des Schusters irrte umher und blieb dann am Gesicht des Königs haften. Als er diesem zum ersten Mal in seine eisigen Augen blickte, quollen ihm die Tränen hervor und rollten über seine Wangen. „Was immer du mit mir machst, o König", schluchzte er, „ich kann dir nichts anderes sagen." Dann nahm er all seinen Mut zusammen: „Ich habe alles, weißt du. Alles, was ich brauche. Einen guten Schlafplatz inmitten duftender Blüten. Die herrliche Stadt Damaskus, die mein Zuhause ist. Den Berg Qasyun, der auf mich aufpasst. Den Markt und die freundlichen Menschen dort. Ich bekomme für meine Arbeit genug zu essen und zu trinken. Mehr brauche ich doch nicht. Das ist mein Glück."

Der König keuchte vor Wut. So hatte ihm noch niemand widersprochen. Er schaute dem Schuster lange in die Augen. Dann wendete er sich von ihm ab, tat einen tiefen Atemzug, verschränkte seine Arme vor der Brust und schüttelte den Kopf.

„Du bist mir ja vielleicht ein komischer Tölpel." Er schritt auf seinen Thron zu, seine Stimme wurde drohend leise. „Du willst nicht mehr als das bisschen Zeug, das du gerade aufgezählt hast?" Er stieg die drei Stufen zu seinem Thron empor. „Du weißt wohl nicht, was Glück ist?" Er setzte sich und sah mit kaltem Grinsen und schmalen Augen auf den Bettler herab. „Hör zu, ich gebe dir zehn neue Kleider, zwanzig Paar Schuhe, Essen im Überfluss fünf Mal am Tag, dazu ein Haus, drei Sklaven und einen ganzen Korb voller Goldstücke." Er beugte sich vor und höhnte: „Dann bist du wirklich glücklich!"

Der Bettler erstarrte. Er stellte sich all diese Reichtümer vor, die er noch nie im Leben besessen

hatte, und sich selbst mittendrin. All die Sachen um
ihn herum. Sie schienen ihm den Atem zu nehmen.
Vor seinem inneren Auge türmten sich Kleider,
Lebensmittel, Möbel, Goldstücke. Er hatte das
Gefühl, als könnten sie jeden Augenblick über ihm
zusammenstürzen. Da schnürte sich sein Herz
zusammen und er fühlte zum ersten Mal im Leben
... Unglück.

Als der Alte fertig ist, breitet sich Schweigen
aus. Es hüllt uns ein. Die Brote sind aufgeges-
sen. Wir schauen beide in die Weite, jeder noch
seinen Rest Kaffee schlürfend.

„Es scheint so, als würde dein bisheriger
Sinn nicht mehr zu deinen neuen Lebensum-
ständen passen. Irgendwie hat sich die Basis
deines Lebens verändert", nimmt der Alte den
Faden wieder auf, nickt vor sich hin und dreht
dann sein Gesicht in meine Richtung. Er lächelt
und seine Augen sind in den Falten nicht mehr

zu erkennen. „Bisher bist du den Umweg über Geld und Erfolg gegangen, um dein Glück zu finden."

„Genau. Und wo finde ich es? Der Schuster in deiner Geschichte hatte es gut. Er war glücklich, er musste nicht nach Sinn suchen."

„Vielleicht bist du es ja auch? Vielleicht kannst du dein Glück im Moment nur nicht spüren?", warf der Alte hin, wie nebenbei. „Glück und Sinn sind überall. Man erkennt sie nur schwer, weil sie nicht an der Oberfläche der Dinge herumliegen, sondern in ihnen stecken."

Der Alte hat bei diesen Worten sein Gewicht auf die linke Seite verlagert und sich mir zugewandt.

„Die Welt ist voller Möglichkeiten", fährt er fort. „In ihnen ist der Sinn verborgen. Wenn sich die Möglichkeiten entwickeln, wird der Sinn sichtbar. Andererseits musst du einen

Sinn darin sehen, aus Möglichkeiten Wirklichkeiten zu machen. Wenn die Möglichkeit, ein Haus zu bauen, sich für dich nicht sinnvoll anfühlt, dann wird das Haus nicht entstehen. Aber der Sinn wird sich erst entfalten, wenn du das Haus baust, einziehst und es bewohnst. Mit deinem Tun schaffst du Sinn, nicht mit Grübeln."

Ich denke lange über diese Worte nach.

„Irgendwie beißt sich für mich die Katze in den Schwanz", sage ich schließlich. „Soll ich denn einfach so mit irgendetwas anfangen, um zu sehen, ob da für mich Sinn und Glück drinstecken? Was dann, wenn ich nach einer Weile feststelle, dass dem nicht so ist?"

„Naja", grinst mich der Alte an und zieht seine Schultern hoch. „Wäre ja immerhin möglich. So ein bisschen wie Würfeln. Kann doch lustig sein?"

„Sehr witzig", sage ich und bin ein wenig genervt. Will der Alte sich über mich lustig machen? Ich packe meine Sachen zurück in den Rucksack.

„In jedem Neuanfang steckt das Risiko, dass es nicht klappt". Der Alte ist wieder ernst geworden. „Die Frage ist doch, wieviel du bereit bist zu wagen."

Ich runzele meine Stirn. So hatte ich das überhaupt noch nicht gesehen. Sinnsuche als Innovation, Glückssuche als Entdeckungsreise. Man versucht etwas Neues, und es kann funktionieren, muss es aber nicht. Vielleicht blockiere ich mich dadurch, dass ich sicher sein will, sofort den richtigen Treffer zu landen, gleich die Sache zu finden, die sinnvoll ist, die mich glücklich macht. Sinngarantie. Glücksgarantie. Eigentlich ein bisschen naiv zu glauben, dass das auf Anhieb so funktioniert.

Offenbar hat der Alte hier den Punkt getroffen. Ich muss etwas wagen. Einfach machen. Vom Grübeln wird es auch nicht besser. Indem ich gar nicht erst anfange, habe ich nur die Sicherheit, dass ich keinen Fehlversuch kassieren muss. Vor allem habe ich dabei aber die Sicherheit, dass sich nichts ändert und ich in meiner Sinnkrise stecken bleibe. Na fein! Vom Philosophieren kommt der Sinn nicht zu mir. Wenn ich da raus will, muss ich mich bewegen, und das heißt machen, riskieren.

Als hätte der Alte meine Gedanken erraten, setzt er nach. „Du musst ja den Sinn nicht unbedingt in Tätigkeiten suchen, die dir keine Freude machen. Bessere Chancen hast du, wenn du dort suchst, wo es dir Freude macht. Nur mal so als Hinweis", sagt er verschmitzt und blinzelt.

In mir regt sich der Pragmatiker. Es könnte ja tatsächlich sein, dass man Sinn nicht strategisch entwickeln kann, wie in den einschlägigen Seminaren immer behauptet wird, sondern ihn in den Dingen um uns herum, in den Möglichkeiten, entdecken muss. Und wenn ich etwas entdecken will, muss ich näher herangehen, probieren, Neues wagen. Demnach wäre das Grübeln nach dem Sinn glatte Zeitverschwendung. Einfach machen, der Sinn findet sich dann schon. Ich spüre so etwas wie Zuversicht in mir aufsteigen.

„Na gut", sage ich und rücke mich wieder auf der Bank zurecht. „Mal angenommen, ich mache irgendetwas, um rauszufinden, ob das für mich Sinn ergibt. Wie kann ich meine Chance verbessern, dass ich da tatsächlich meinen Sinn finde?"

„Meinen Sinn?", der Alte schaut mich schräg von unten an.

„Nein, nicht ihren. Meinen."

„Meinen?", fragt er wieder.

„Naja, in jeder Sache steckt irgendein Sinn für irgendjemand", entgegne ich etwas ungehalten. „Aber der Sinn, den andere darin vielleicht finden, interessiert mich nicht."

„Vielleicht ja doch?", blinzelt der Alte.

„Ach", winke ich ab, stehe auf und laufe einmal um die Bank herum, setze mich wieder.

„Wenn andere Sinn finden und glücklich sind, was hat das mit mir zu tun?".

„Weiß nicht", sagt der Alte und zuckt mit der Schulter.

Ich schiebe den Gedanken zur Seite. Allerdings würde es immerhin meine

Sinnerfolgschancen erhöhen, wenn es mich glücklich macht, andere glücklich zu machen. Vielleicht sollte ich das Ganze doch nicht so eng sehen?

„Am Ende läuft es darauf hinaus, ob ich es wage, einfach etwas Neues anzufangen und mich überraschen zu lassen", sage ich kurz angebunden, klatsche mir auf die Schenkel und will mich erheben.

„Vertraust du dir?".

Die Frage kommt unvermittelt. Blattschuss. Ich falle auf die Bank zurück, von der ich gerade im Begriff war, mich zu erheben.

„Eigentlich schon", sage ich nach kurzer Pause, etwas gedehnt und mit zweifelgetönter Stimme.

„Ein bisschen ist nicht genug", entgegnet der Alte. „Der Zweifel in deiner Brust ist dein schlimmster Feind. Selbst wenn er jetzt noch klein ist, wird er beim ersten Misserfolg wachsen."

„Aber wie soll ich denn auf Erfolg vertrauen, wenn er unsicher ist?", frage ich irritiert.

„Nicht dem Erfolg sollst du vertrauen. Das ist ein unsicherer Kandidat. Dir selbst musst du vertrauen. Misserfolge kannst du nicht verhindern, aber du kannst sie verkraften, wenn du dir selbst vertraust."

„Das ist einfach gesagt", entgegne ich und schaue den Alten an. „Wo soll ich denn mein Vertrauen hernehmen, wenn gerade alles schiefläuft?"

„Woher willst du wissen, dass ein Misserfolg wirklich ein Misserfolg ist? Es ist nur nicht das eingetreten, was du dir vorgestellt hast. Aber was hat das mit deinem Glück zu tun? Dein Glück hängt doch nicht davon ab, ob dein Tun erfolgreich ist und alle es bemerken. Es ist in dir, du musst es dich nur spüren lassen. Manchmal ist das schwierig, aber mit einer passenden Idee von Sinn wird es leichter. Sinn und Glück hängen zusammen, aber nicht voneinander ab. Mit Sinn wird es leichter, das Glück zu spüren. Wenn du glücklich bist, wird Sinn unwichtig. Umgekehrt ist Sinn ein wichtiger Schritt, um Glück zu finden. In einer sinnvollen Tätigkeit kann man versinken, alles um sich herum zurücklassen. Und wenn du dann aufmerksam bist, wirst du genau dort das Glück fühlen."

Das ist die eindringlichste Rede, die der Alte an diesem Morgen von sich gegeben hat.

„Übrigens, danke für die Brote. Ich habe sie sehr genossen. Sie waren voller Sinn", sagt er und grinst mich verschmitzt an.

Dann steht er auf, nickt kurz in meine Richtung und geht los. Ich sitze auf der Bank, schaue ihm nach und horche in mich hinein. Stimmt, irgendwie.

Epilog

Seit damals bin ich wieder viele Male über den Berg gegangen. Die Bank am Rande des Waldes habe ich nicht mehr gefunden. Auch den Alten nicht. Manchmal habe ich zwar das Gefühl, dass er irgendwo hinter mir steht. Aber wenn ich mich umdrehe, ist da nichts. Dann muss ich schmunzeln und gehe weiter.

Sinn habe ich eigentlich auch nicht gefunden. Er ist zu mir gekommen, sozusagen. Lag direkt vor meinen Füßen, immer schon. Als ich aufgehört habe, ihn als etwas Besonderes, Gewaltiges, Bedeutendes zu suchen, da hat er sich gezeigt und ich konnte ihn plötzlich sehen.

Das Glück zu fühlen, übe ich noch. Es wird jeden Tag besser.

Stefan Fourier ist promovierter Physiker, war Manager, erfolgreicher Unternehmer und Unternehmensberater und arbeitet heute als *Schriftsteller* und *Mentor*. Er erzählt von seinen Erfahrungen und Einsichten, gibt Impulse und Denkanstöße als Essayist, Märchenerzähler, Aphoristiker, Sachbuchautor Romancier und Blogger. In seinen Texten lotet er die Räume zwischen Fiktion und Wirklichkeit aus.

Einer behüteten Kindheit und Jugend folgte ein bewegtes und arbeitsreiches Leben. Flucht aus der DDR, persönliche Irrwege, berufliche Höhen und Tiefen markieren einen herausfordernden Weg. Stefan Fourier hat all dies und weitere Schicksalsschläge gemeistert und steht jetzt, bereichert durch innere und äußere Reisen, im Frühherbst seines Lebens.

Stefan Fourier ist verheiratet und lebt mit seiner Frau idyllisch am Rande des Deisters. Seine Vorlieben: Neues entdecken, Reisen, Wandern, Garten, Enkel, Golf, gute Geschichten, Fantasy, orientalisches Essen und mit den Nachbarn zu klönen.

www.fourier.de

Aphorismen von Stefan Fourier

Glück kann so einfach sein, wenn man nur richtig hinschaut.
(2015)

Wer sich nach ruhigen Zeiten sehnt, hat das falsche Ziel.
(1997)

Hinter jedem Unsinn steckt eine Vernunft.
(2010)

Die lautesten Spatzen pfeifen meist ziemlich falsch.
(2022)

Auch schlanke Menschen können dicke Freunde sein.
(2013)

Kopfschütteln löst keine Probleme, sondern macht schwindelig.
(2003)

Mit Euphorie kommt man hoch, aber nicht weit.
(2010)

Mancher schaut noch von unten von oben
herab.
(1996)

Zeit ist wie ein Fluss, der in der Ewigkeit des
Ozeans versinkt.
(1999)

Glaube versetzt Berge, fragt sich nur wohin.
(2002)

Disziplin ist der Schlüssel zur Freiheit.
2004

Was wäre der Sieger ohne die Verlierer?
(2013)

Zeit schmiedet Charakter.
(2015)

Stefan Fourier, Auswahl seiner Bücher:

Schlau statt perfekt – Wie Sie der Perfektionis-
musfalle entgehen und mit weniger Aufwand
mehr erreichen
BusinessVillage, Göttingen 2015

Die Sandwich Connection – Wie Sie tragfähige
Netzwerke aufbauen und Ihre Souveränität zu-
rückgewinnen
BusinessVillage, Göttingen 2016

Wir führt! – Das Humanagement Manifest,
Fundamentale Denkprinzipien für Führungskräfte
BusinessVillage, Göttingen 2019

Golfen mit Opa, Kinderbuch
Literareon im Utzverlag, 2020

Eisbär und Pinguin – Gemeinsam sind wir stark.
Eine Fabel über die Rettung der Welt
BoD, Norderstedt 2021

Stefan Fourier schreibt regelmäßig Beiträge und Kolumnen für:

Humanagement
(www.humanagement.de/news-wissen/humanagement-blog)

Der Sandwirt
(www.dersandwirt.de/author/stefan-fourier/)

Business Village
(www.businessvillage.de/blog/category/kolumnen/)

Folgen Sie Stefan Fourier auf seiner Website
www.fourier.de
Sie können ihn auch direkt ansprechen:
stefan@fourier.de

Zeitfracht Medien GmbH
Ferdinand-Jühlke-Straße 7
99095 Erfurt, Deutschland
produktsicherheit@kolibri360.de